KU-621-537

OLINER 1
MATYS

Joanna Białobrzeska

OD A DO Z
RADOSNE ODKRYWANIE ŚWIATA

PODRĘCZNIK

KLASA PIERWSZA

DIDASKO

Warszawa 2010

 **OD A DO Z - PODRĘCZNIK**
Joanna Białobrzeska

Autor
Joanna Białobrzeska

Projekt okładki, opracowanie graficzne, skład i łamanie
Maciej Białobrzeski

Opracowanie techniczne
Anna Konopko

Korekta
Andrzej Massé
Zespół

Ilustracje
Paulina Kopestyńska
Marcin Piwowarski

Fotografie
Bartek Białobrzeski
Maciej Białobrzeski
Mariusz Szot
CG textures
Fotolia
iStockphoto

Podręcznik dopuszczony do użytku szkolnego przez ministra właściwego do spraw oświaty i wychowania i wpisany do wykazu podręczników przeznaczonych do kształcenia ogólnego, do nauczania edukacji wczesnoszkolnej na poziomie klasy I szkoły podstawowej, na podstawie opinii rzeczoznawców: **dr Małgorzaty Drost-Rudnickiej, dr Marzenny Magdy-Adamowicz, dr Joanny Dobkowskiej.**

Rok dopuszczenia 2009.
Numer dopuszczenia 76/1/2009

Na stronach z tą ikonką prezentowane tematy
zostały wzbogacone materiałami na płycie CD.

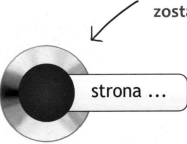

strona ...

ISBN 978-83-89957-35-1 (podręcznik)
ISBN 978-83-89957-81-8 (całość)

© **Copyright by DIDASKO**
Warszawa 2010

www.noweAZ.pl

Wydrukowano na papierze Neo Bulk 80 g
dostarczonym przez MERCATOR PAPIER

DIDASKO ul. Terespolska 10, 03-813 W...   ... tel. (22) 672 72 63 ... faks (22) 672 74 74

Witaj w pierwszej klasie!

Napisałam dla Ciebie tę książkę,
której bohaterami są Twoi rówieśnicy:

Ala 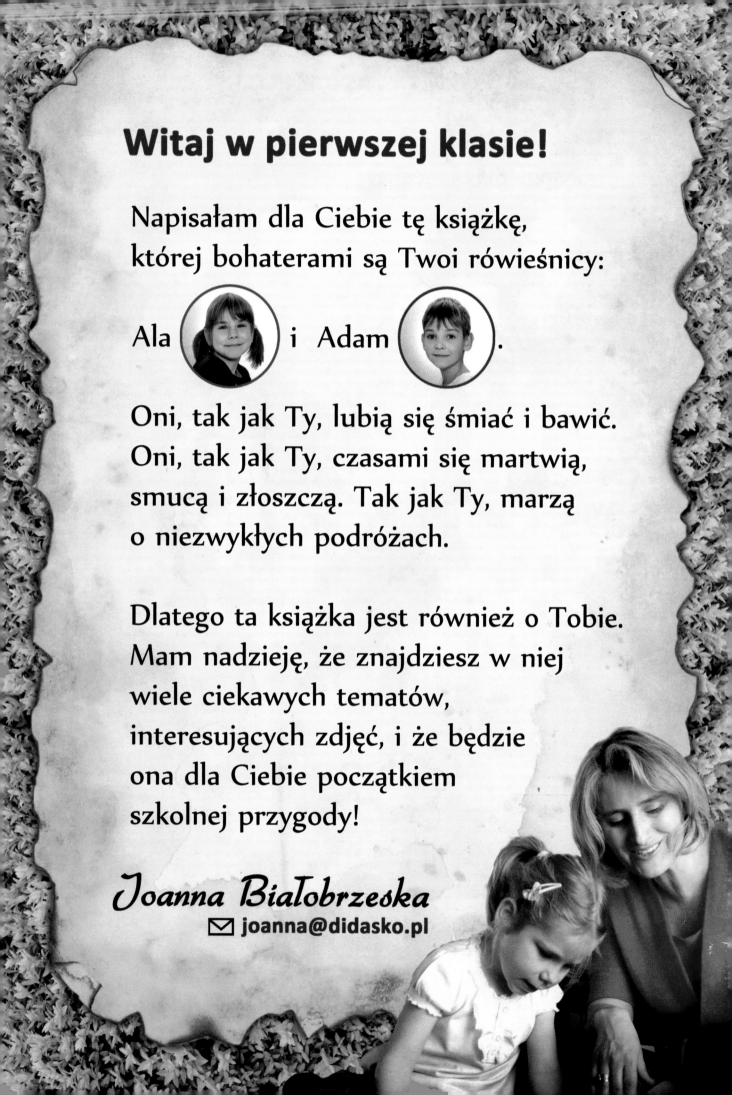 i Adam .

Oni, tak jak Ty, lubią się śmiać i bawić.
Oni, tak jak Ty, czasami się martwią,
smucą i złoszczą. Tak jak Ty, marzą
o niezwykłych podróżach.

Dlatego ta książka jest również o Tobie.
Mam nadzieję, że znajdziesz w niej
wiele ciekawych tematów,
interesujących zdjęć, i że będzie
ona dla Ciebie początkiem
szkolnej przygody!

Joanna Białobrzeska
✉ joanna@didasko.pl

A a

𝒜 𝒶

Adam →

Ala ↓

aparat →

Klasa Ia

Adam

Ala

 Agata
 Marek
 Ola
 Szymon

 Ania
 Robert
 Magda
 Michał

 Ewa
 Kuba
 Darek
 Ula

 Helenka
 Olek
 Ala

 Pola
 Adam
 Irenka

Jak i dlaczego rosną rośliny?

SŁOŃCE

WODA

kwiat

liść

POWIETRZE

łodyga

korzenie

GLEBA

M
m

M m

ma

mama

tata

T t

J t

ta

tata

tata

tata

tata

tata

tata

L l

$\mathcal{L}$ l

la

lala

lata

Ala

Ala

lala

la, la, la, la

lala Ala

lata.

lata.

LALKI Z CAŁEGO ŚWIATA

L l

la

lala
lata
Ala

MUZEUM ZABAWEK

MISIE

Misie należą do ulubionych maskotek, gdyż miło jest się do nich przytulać.

W USA misie nazywa się „Teddy". Tak miał na imię amerykański prezydent, który podczas myśliwskiej wyprawy nie chciał zastrzelić małego misia. Pewna właścicielka sklepu wzruszona tym wydarzeniem uszyła kilka misiów, które nazwała „Teddy".

Od tej pory misie „Teddy" stały się ulubionymi przytulankami małych i dużych.

O o

O o

to

ta

mo

to

Ola

lato

Tola

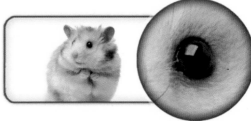
oko

Ola

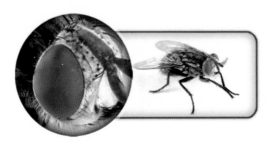

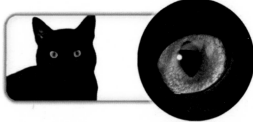

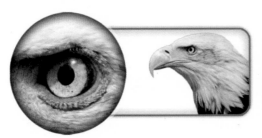

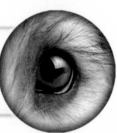

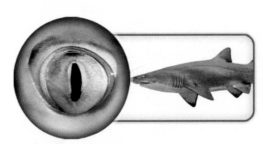

To Ala.

To Ola.

To Tola.

lo
la
mo
ma

Ola
Tola
lato

 ma  .

 ma  .

 ma  .

Ciało ludzkie składa się z połączonych ze sobą kości. Dzięki temu możemy stać. Kości chronią też serce i płuca.

MOJE CIAŁO

CZASZKA

ŻEBRA

KRĘGOSŁUP

MIEDNICA

RZEPKA

PISZCZEL

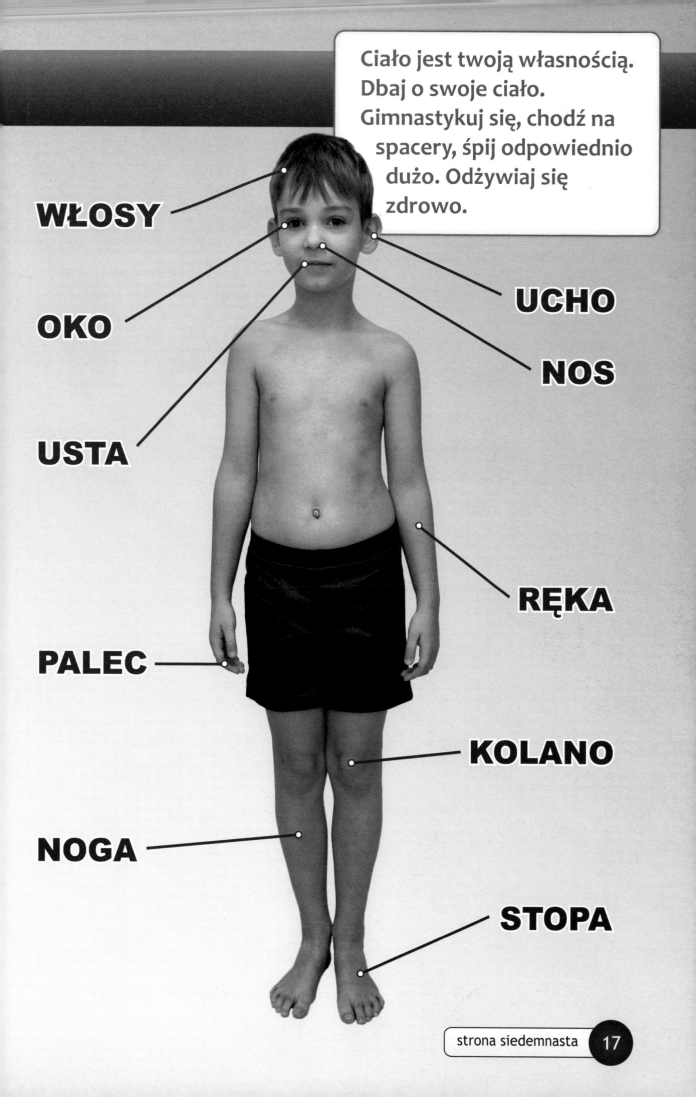

WŁOSY

OKO

USTA

PALEC

NOGA

Ciało jest twoją własnością. Dbaj o swoje ciało. Gimnastykuj się, chodź na spacery, śpij odpowiednio dużo. Odżywiaj się zdrowo.

UCHO

NOS

RĘKA

KOLANO

STOPA

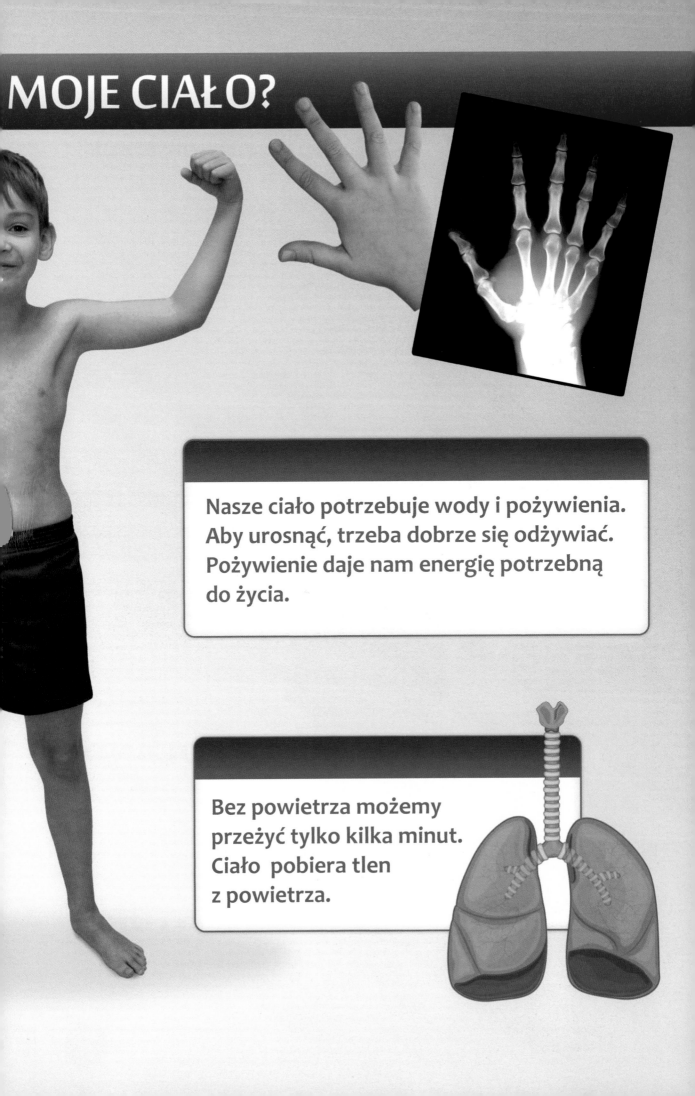

Nasze ciało potrzebuje wody i pożywienia.
Aby urosnąć, trzeba dobrze się odżywiać.
Pożywienie daje nam energię potrzebną
do życia.

Bez powietrza możemy
przeżyć tylko kilka minut.
Ciało pobiera tlen
z powietrza.

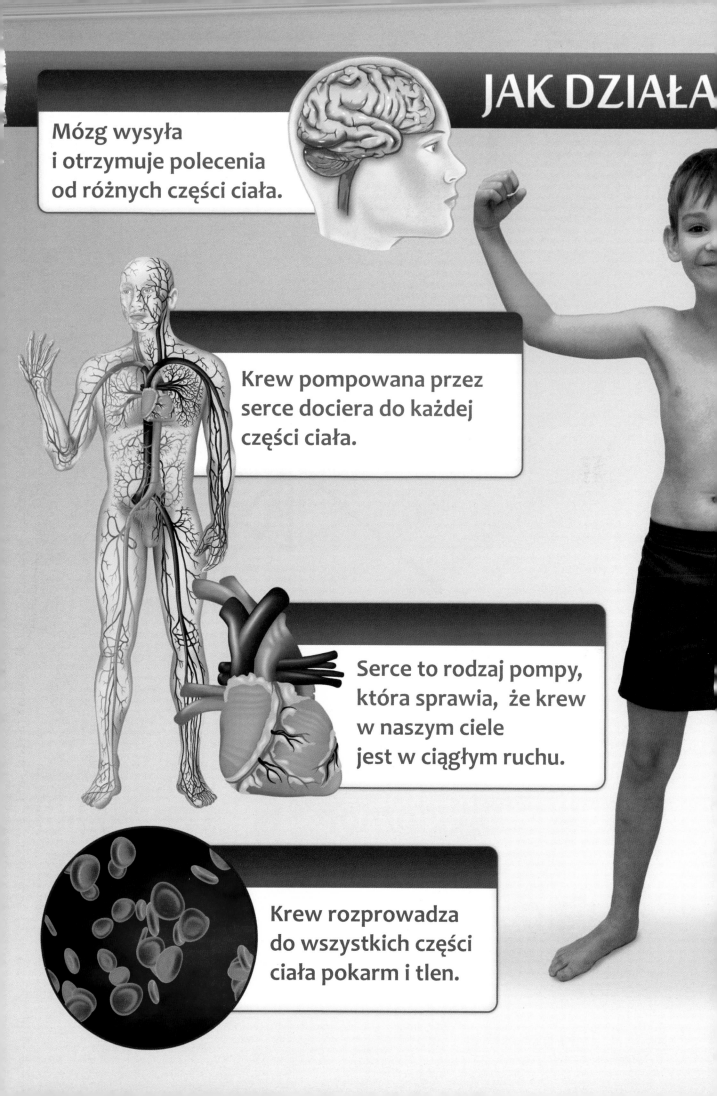

Mózg wysyła
i otrzymuje polecenia
od różnych części ciała.

Krew pompowana przez
serce dociera do każdej
części ciała.

Serce to rodzaj pompy,
która sprawia, że krew
w naszym ciele
jest w ciągłym ruchu.

Krew rozprowadza
do wszystkich części
ciała pokarm i tlen.

E e

Ε e

Εla

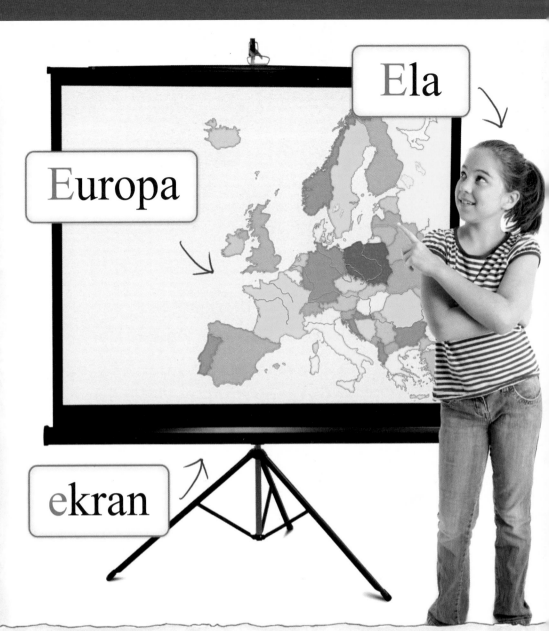

Ela

Europa

ekran

 Dzień dobry

 Guten Tag

 Buon giorno

 Bonjour

 Good day

Buenos días

UNIA EUROPEJSKA 2009

E e

le
me
te

Ela

WYPRAWA PO EUROPIE!

WARSZAWA POLSKA

RZYM **WŁOCHY**

LONDYN **ANGLIA**

 PARYŻ **FRANCJA**

BERLIN **NIEMCY**

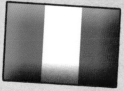 WENECJA **WŁOCHY**

 BARCELONA **HISZPANIA**

I i

J i

ile

Ala

Ali

Ola

Oli

Irenka

igła

Ile lat ma Ala?
Ala ma 6 lat.

Ile lat ma Ola?
Ola ma 6 lat.

Ile lat ma mama Ali?
Ile lat ma tata Ali?

Co robi Adam? Co robi Ala?

I i

mi
ti
ile

Ala
Ali
Ola
Oli

Jesienią liście zmieniają barwę i usychają. W lesie rośnie dużo grzybów.

Owocują leśne drzewa: dęby, buki, klony i jawory oraz krzewy leszczyny.

Wiewiórki i inne zwierzęta gromadzą zapasy na zimę. Jesienią w lesie można zobaczyć rykowisko jeleni.

Jesień w lesie

podgrzybek

kurka

muchomor

rydz

borowik

koźlarz

D d

D d

dom

dama

Adam

medal

Darek

dom

To dom .

To dom .

To dom Ali i Adama.

Adam ma dom.
Ala ma dom.

Adam ma dom
i Ala ma dom.

Budowa domu

D d

da
di
do

dom
dama
Adam
medal

Y y

y

domy

dymy

lody

mamy

taty

To domy

To dom mamy, taty,
Ali i Adama.

My mamy dom.

Dom to  .

Dom to Stajnia .

Dom to  .

Dom  to Stajnia .

Dom to Kurnik .

Dom  to  .

Y y

dy
my
ty

domy
dymy
lody
mamy
taty
motyle

 Adam ma motyle.

 To lody dla mamy
i taty.

 Ela ma medal i Tola
ma medal.

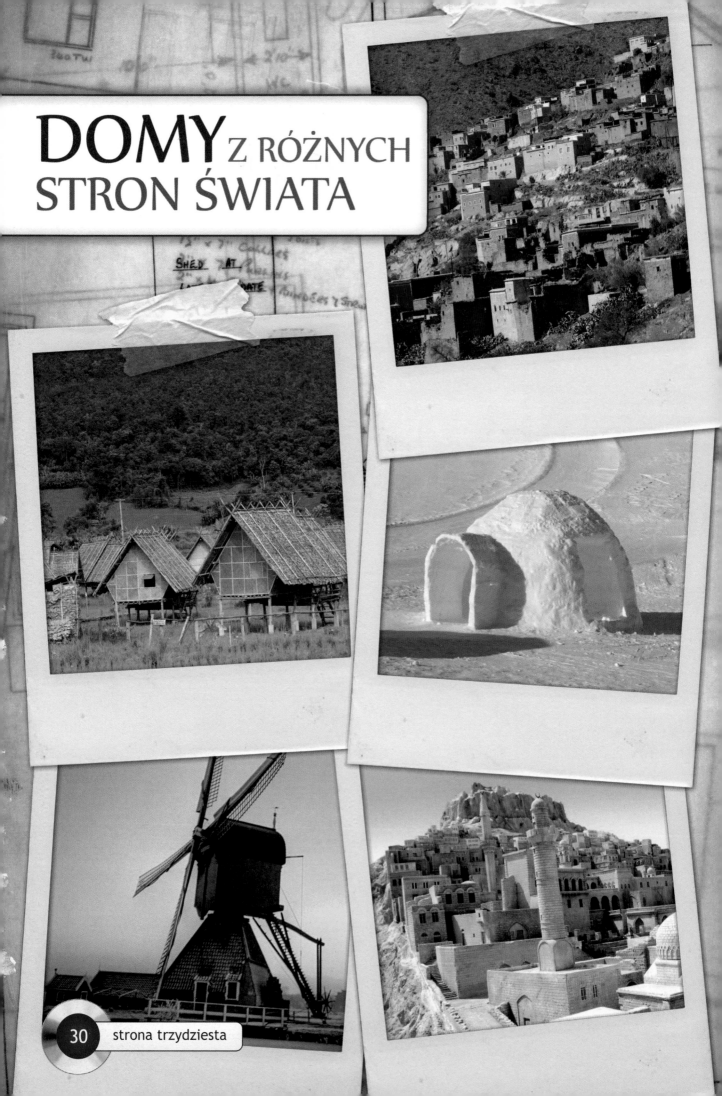

DOMY Z RÓŻNYCH STRON ŚWIATA

K
k

K *k*

kot

koty

kotek

kotka

kotki

kot

Kuba

To kot Totek.

To kotka Kitka.

Kotka Kitka
ma kotki.

kotka Mimi

Kotka Mimi ma mleko.

kotek Lotek

Kotek Lotek ma motek.

K
k

ka
ke
ki
ko
ky

kot
kotek
kotki
kotka
motek
mleko

ŚWIAT KOTÓW

Kotki przez pierwszy tydzień życia są ślepe i głuche. Od razu zaczynają ssać mleko matki.

Kotka rodzi od czterech do sześciu kociąt. Ciąża trwa 9 tygodni.

Po sylwetce, ułożeniu uszu, wąsów i ogona możemy poznać, czego potrzebuje kot. Kiedy kot ociera się o nasze nogi, oznacza to, że jest głodny lub nas wita.
Mruczy – kiedy jest zadowolony.

DZIKIE KOTY

Mają bardzo dobry słuch i węch. Potrafią szybko biegać.
Niektóre z nich doskonale wspinają się na drzewa.
Dzikie koty nie mogą mruczeć, potrafią tylko ryczeć.
W Polsce z rodziny dzikich kotów żyją rysie i żbiki.

LEW

ŻBIK

TYGRYS

GEPARD

PUMA

RYŚ

oko

Oczy są żółte, zielone, pomarańczowe lub niebieskie. W ciemności źrenica kota robi się okrągła, w dzień – zwęża się.

nos

Koty mają bardzo dobry węch. Rozpoznają zapach właściciela. Wąsy – to kocie czujniki. Dzięki nim kot może swobodnie poruszać się po ciemku.

łapa

Pazury to kocia broń. Umożliwiają również wspinanie się na drzewa. Wysuwają się tylko w razie potrzeby.

ucho

Koty mają lepszy
słuch od psów.
Słyszą piski myszy
i skradającego się psa.

ogon

Ułożenie ogona
świadczy o nastroju
kota. Nerwowe ruchy
na boki oznaczają,
że kot jest zły.

sierść

Większą część
dnia koty spędzają
na pielęgnacji sierści.
Wylizują sierść językiem.

S s

S s

smok

maskotki

statek

samolot

smok

Sebastian

To maskotki Oli.

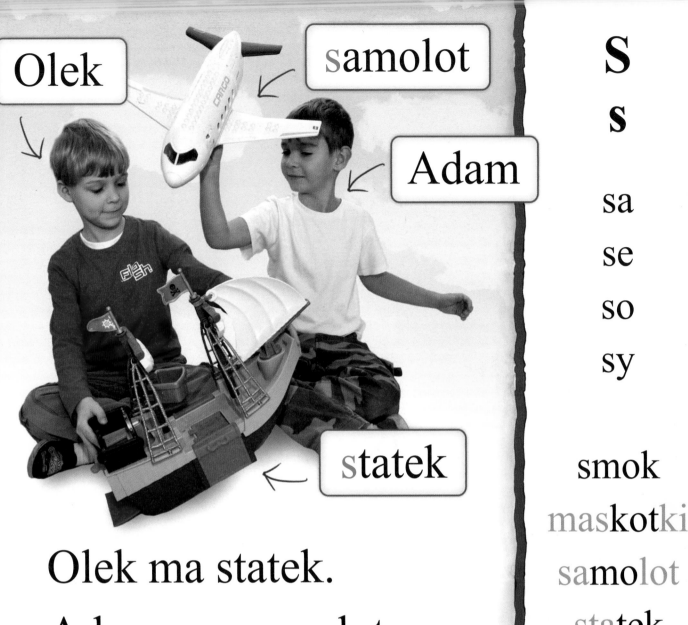

Olek

samolot

Adam

statek

Olek ma statek.

Adam ma samolot.

Kto ma statek?

Kto ma samolot?

ssssy, sosy, soki, smaki, smoki

S

s

sa

se

so

sy

smok

maskotki

samolot

statek

sosy

soki

smaki

smoki

sok	samolot
smok	smaki
smak	smoki
skok	sosy
stolik	soki

kot	klasa
koty	kamyk
kotek	komoda
kokos	kotlety
kotlet	kosmos

mak	meta
most	mleko
moda	motyl
motek	motyle
maska	maskotka

los	lato
las	lody
lis	losy
list	Lolek
laska	leki

A a

M m

T t

L l

O o

E e

I i

D d

Y y

K k

S s

J j

Jj

Jola

jajo

jest

Jola

Ale jajo!

jajo

To jest Jola. Jola ma 4 lata.

Tata Joli lata samolotem.

Kim jest tata Joli?

Ile lat ma motyl?

Jaki smak ma mak?

Jakie lody je Maja?

Jaki jest dom Adama?

Jak lata samolot?

Jaki jest kosmos?

Jaki smak ma kokos?

J
j

ja
je
jo

Jola
Joli
jajo
jest
Maja
jaki

DRZEWO GENEALOGICZNE

Adam

Ala

rodzice

dziadkowie

W w

W w

Wojtek

woda

myje

Wojtek

woda

Wojtek jest w ....

Wojtek myje  .

Oj, Wojtku, Wojtku!

Jak Wojtek myje ?

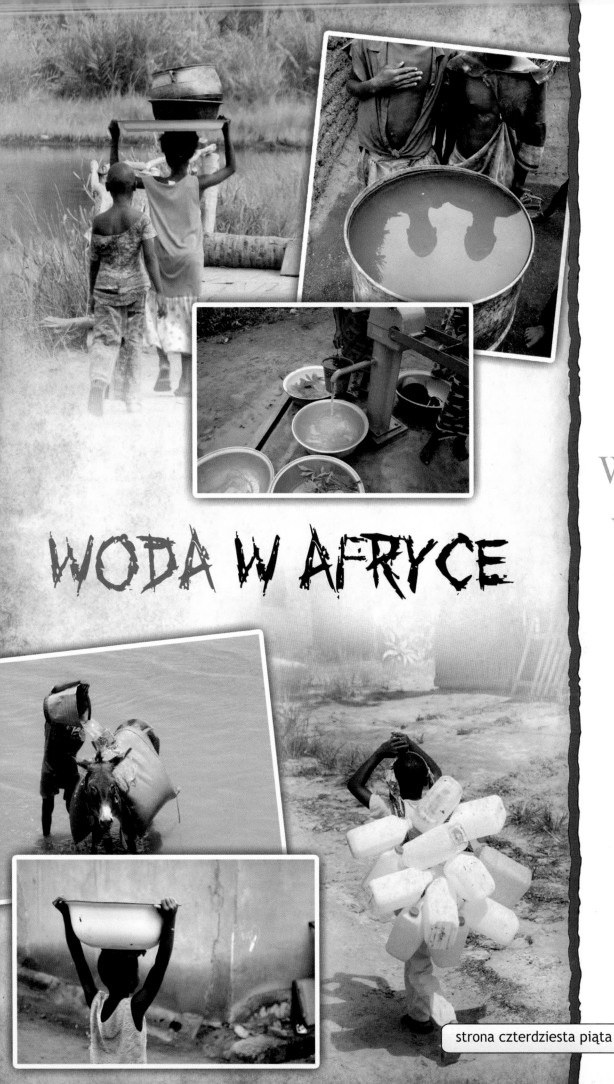

W
w

wa
we
wo
wy

Wojtek
woda
myje

WODA W AFRYCE

PRZYGODY KROPELKI WODY

U u

U u

ul

ule

Ula

wujek

wujek

ule

To jest wujek Ali i Adama.

Wujek ma ule.

Ala i Adam dostali miodek od wujka.

ODWŁOK

ŻĄDŁO

KOSZYCZEK

SKRZYDŁO

GŁOWA

NOGA

U u

ku
mu
tu

ul
ule
wujek
wujka
miodek
dostali

**Mela maluje
dla swojej mamy
kwiaty i domek.**

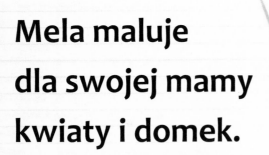

**Kto to taki?
To Adam!**

**To latawce
Olka i Tadka.**

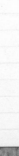

Jaki to motyl
i jakie to kwiaty?

To list od wujka
Waldka do Wojtka.

To klasa Tadka.
Tu jest Tadek,
Wojtek i Tomek.

Na świecie żyje ponad milion gatunków owadów.

Owady mają trzy pary odnóży, jedną parę czułków, jedną lub dwie pary skrzydeł i ciało podzielone na trzy części.

Pszczoły żyją w ulach. Każdy ul ma swoją królową, tysiące pszczół robotnic i kilka setek samców, zwanych trutniami.

Pszczoły odżywiają się miodem, który robią z nektaru kwiatowego.

Z jaja motyla wykluwa się gąsienica – larwa motyla. To jedyny czas, w którym motyl rośnie, dlatego pobiera on wtedy dużo pokarmu. Gąsienica przeobraża się w poczwarkę. Z poczwarki powstaje dorosły owad – motyl. Motyle żyją w zależności od gatunku od kilku godzin do kilku dni.

P p

P p

Pola

ptak

ptaki

klatka

ptaki

Pola

Moim domem jest klatka.

Jestem wolnym ptakiem. Latam daleko i wysoko.

PIÓRA

SKRZYDŁO

DZIÓB

TUŁÓW

NOGI

P p

pa
pe
pi
po
pu
py

ptak
ptaki
ptakiem
daleko
wysoko
wolny
wolnym
latam

Wędrówki bocianów

Wędrujące ptaki

Gil

Bociany

Jaskółka

Żuraw

Sieweczka rzeczna

Rybitwa popielata

C c

C c

Cecylia

co

puka

stuka

wyje

Co to?
Kto to?

Cecylia

Co tak puka?

Co tak stuka?

Co tak wyje?

To ja, Tadek!

Olek je kotlety.   **Ala ma kucyki.**

Mama da Oli owoce.

Co mama da Oli?

Kto da Oli owoce?

Co ma Ala?

Kto ma kucyki?

Co je Olek?

Kto je kotlety?

ca
ce
co
cu
cy

Cecylia
puka
stuka
wyje
owoce
kucyki
kotlety

R
r

R r

Romek

rok

roku

por

pory

Romek

Jakie to pory roku?

WIOSNA

ra
re
ri
ro
ru
ry

LATO

Romek
rok
roku
por
pory

JESIEŃ

ZIMA

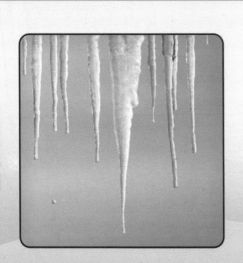

J j
W w
U u
P p
C c
R r

krowa

kura

rak

traktor

komputer

rower

por

pomidor

trawa

krawat, kapusta, krawiec,

krokodyl, korona, korale,

krasnoludek, klasa, kruk,

kalarepa, kasa

Rymy

krowa	sowa

rak	mak

Marek	Darek

rok	skok

selery	desery

smoki	soki

kruk
kruku
ser
sera
lis
lisa
obiad

Kruk, lis i ser!

Kruk ma ser.

Witaj kruku!
Jestem lis.
Daj mi sera.

Kruku! Kruku!
Jaka jest twoja
mowa?

Kra, kra, kra!

Dobry obiad dla lisa.

N n

N n

Natalka

nuty

walc

koncert

nuty

Natalka

Mama i tata dali Natalce nuty.

To nuty do walca.

Ela da koncert dla mamy, taty i wujka Tomka.

do re mi fa sol la si do

Tata Natalki jest aktorem!

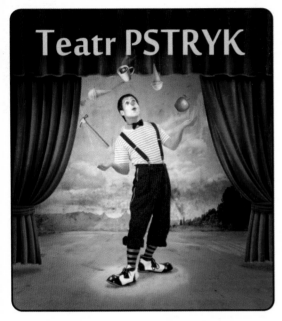

Teatr PSTRYK

Tutaj pracuje tata Natalki.

Tata Natalki jest aktorem komediowym.

Kim jest mama Natalki?

N n

na
ne
no
nu
ny

Natalka
nuty
koncert
aktor
aktorem
praca
pracuje
komedie

praca

malarka

rysuje

rano

Ewa

Ewa to wielka artystka malarka.
Rysuje od rana do nocy.
W domu Ewy jest wystawa
jej prac.

PRACE EWY

NOCNY KONCERT

Cudny motyl

dla stokrotek i biedronek

nocny koncert da.

Ma na kartce nutek kilka

do re mi sol

sol mi do re

sol mi re sol la.

N
n

na

ne

no

nu

ny

malarka

rysuje

rano

kartka

kartce

stokrotek

biedronek

ZIMA w LESIE

W warstwie runa leśnego pokrytego śniegiem spędzają zimę niektóre owady, np. chrząszcze. Na świerkach i sosnach pozostają szyszki – wiosną rozsypują się z nich dojrzałe nasiona.

DZIKI, DZIĘCIOŁY, SARNY i JELENIE

Dziki ryją glebę w poszukiwaniu żołędzi, dzięcioły poszukują zimujących korników, sarny i jelenie podjadają korę z drzew.

NIEDŹWIEDZIE

Niedźwiedzie przygotowują
na zimę legowisko – gawrę.
Wyścielają ją gałęziami,
liśćmi i trawą.

JEŻE

Para jeży (samiec i samica)
zagrzebuje się w suchych
liściach i śpi pięć miesięcy.

ŚLIMAKI

Ślimaki zagrzebują się
w ziemi, chowają się
w krzakach lub szczelinach.
Zaklejają otwór w muszli
wydzieliną, która twardnieje.

ŻABY, JASZCZURKI i GADY

Żaby, jaszczurki i gady
w ziemi lub w mule
wygrzebują jamę
i przesypiają całą zimę.

NIETOPERZE

Nietoperze śpią w jaskiniach,
dziuplach lub na strychach,
przyczepiając się do sufitów.

ŚWIĘTY MIKOŁAJ

Daleko, daleko na biegunie północnym jest Arktyka. Zimy w Arktyce są bardzo surowe i cały czas jest ciemno. Latem – bez przerwy świeci słońce, ale cały czas jest mróz.

Tam Święty Mikołaj razem z elfami robi dla nas prezenty. Renifery ciągną sanie ze Świętym Mikołajem i prezentami.

Dawno temu w Turcji żył biskup Mikołaj. Był bardzo bogaty, ale potrafił dzielić się swoim bogactwem. Rozdawał pieniądze ubogim, szczególnie pomagał dzieciom. Legenda mówi, że pewnego dnia biskup chciał pomóc ubogiej rodzinie i wrzucił przez komin monety. Wylądowały one w skarpetach, które suszyły się przy kominku.

„Dzisiaj w Betlejem,
Dzisiaj w Betlejem
Wesoła nowina,
Że Panna czysta,
Że Panna czysta
Porodziła Syna.

Chrystus się rodzi,
Nas oswobodzi,
Anieli grają,
Króle witają,
Pasterze śpiewają,
Bydlęta klękają,
Cuda, cuda ogłaszają!"(…)

RENIFERY
Mają duże rozłożyste rogi.
Co roku zrzucają je po to,
aby w ich miejsce mogło
wyrosnąć nowe poroże.

G g

GOSPODARSTWO WUJKA JANKA

G g

Gutek

kogut

indyk

pies

Gutek

krowa

indyk

kura

pies

wujek Janek

bociany

kogut

świnka

G g

ga
ge
gi
go
gu
gy

Gutek
kogut

G
g

G g

Gutek

pomaga

Gutek

W pokoju Gutka jest komputer.
Gutek rysuje traktor.

Gutek jest synem wujka Janka.
Gutek pomaga w gospodarstwie.
Karmi kury i koguty.

Gutek ma tyle samo lat,
ile ma Adam. Ile lat ma Gutek?

NARADA W KURNIKU
W POGODNY PORANEK

Uwaga! Uwaga!
Ja, kogut, mam kilka spraw.
Kura Kropka jest smutna.
Kura Pstrokatka to gapa.
Krowa Milka ma mleko
dla kota.

Ale nudna ta narada.
Kogut tylko gada, gada.

B b

B b

Bogdan

balon

robot

ugotuj

wyprasuj

wymyj

balony

Bogdan

Ratunku! Spadam!

Bogdan robi robota.

Ugotuj, wyprasuj, wymyj! Pracuj od rana do nocy.

Ratunku! Ten robot bije!

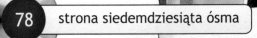

PIRACKA PARA

To my, piracka para,
to my, morskie rekiny.
Plum, plum, plusk, plusk.
Dla nas morskie wyprawy,
dla nas ster i busola.
Plum, plum, plusk, plusk.

**B
b**

ba
be
bi
bo
bu
by

Bogdan
balon
robot
ugotuj
wyprasuj
wymyj
ratunku

NAJWIĘKSZE WYNALAZKI

Koło

Żarówka

Samolot

Samochód

Telewizor

Telefon

Komputer i Internet

Z z

Z z

Zenek

zebra

zoo

wilki

Zenek

zebra

Adam i Ala byli w zoo.
W zoo pracuje wujek
Ali i Adama.

Wujek karmi zebry i wilki.

Zaraz wujek Zygmunt opowie nam o zoo.

 Adam! Jaka kolorowa papuga.

 To papuga ara.

 Zapytajmy wujka, co lubi papuga.

 Wujek teraz karmi zebry.

Z
z

za

ze

zo

zu

zy

Zenek

zebry

wilki

papuga

kolorowa

teraz

karmi

smutno

Zygmunt

Kto tak smutno wyje?

To wyje wilk w klatce.

Goryl Gacek

goryl Gacek

Bolek

Wujek Zenek ma syna Bolka.

Bolek ma 9 lat.

Bolka interesuje praca taty.

Tata zabiera Bolka do zoo.

Bolek obserwuje goryle

i zapisuje swoje

obserwacje.

Ulubionym gorylem Bolka jest goryl Gacek.

Goryl Gacek robi zabawne miny, biega i wysoko podskakuje. Zabiera innym owoce i sam je zjada. Goryl Gacek poznaje Bolka i podskakuje na jego widok.

- pokryta bujnymi trawami – niektóre dochodzą do 5 metrów wysokości
- uboga roślinność – drzewa i krzewy rosną kępami lub pojedynczo
- występuje pora sucha i pora deszczowa
- bardzo dużo zwierząt roślinożernych

SAWANNA

ANTYLOPA

ŻYRAFA

SŁOŃ

Ł ł

Ł ł

Łucja

Łucji

skłony

sport

cały

wyprost

gimnastyka

Łucja

Sport to zdrowie!

**Skłony, wyprost,
nogi w bok,
gimnastyka cały rok.
Skoki, wyprost,
skłony dwà,
gimnastyka Łucji trwa.**

DŻUNGLA

PAPUGA AMAZONKA

GORYL

SZYMPANS

KAPIBARA

- bardzo wysoka temperatura
- bardzo duża wilgotność powietrza
- gęsto porośnięta roślinnością
- różnorodność zwierząt i roślin

ORANGUTAN

JAGUAR

HIENA

SĘP

LEW

ZEBRA

OLIMPIADA

Ł ł

ła
łe
ło
łu
ły

Tata Łucji jest sportowcem.

Trenuje biegi i skoki w dal.

Łucja
Łucji
skłony
sport
zdrowie
skoki
wyprost
złote
dostał

Tata Łucji dostał dwa złote medale.

H h

H h

Helenka

hotel

hałas

huk

harmider

hotel

Helenka

Na ulicy jest wielki hałas.

Co tak hałasuje?

Ale harmider!

Ale huk!

HAŁAS HAŁAS HAŁAS HAŁAS

Wrocław

Miasto Ali i Adama to Wrocław.

Wrocław to ładne miasto.

Jest tam stare miasto i rynek.

Obok domu Ali i Adama

jest park. Park jest ulubionym

miejscem zabaw Ali i Adama.

Jakie jest twoje ulubione miasto?

**H
h**

ha
he
hi
ho
hu

Helenka
hotel
hałas
hałasuje
huk
harmider

F
f

𝓕 𝒻

Franek

flaga

Polska

Francja

Kanada

Franek

flaga

Franek ma globus i atlas
z flagami. Narysował flagi:
Polski, Francji i Kanady.

POLSKA   FRANCJA   KANADA

Tata pokazał Frankowi
inne flagi.

godło Polski

flaga Polski

POLSKA

EUROPA

F
f

fa
fe
fi
fo
fu

Franek
Frankowi
flaga
flagami
Francja
Polska
Kanada
kraj

Polska to kraj Olka i Franka. Franek jest Polakiem i Olek jest Polakiem. **A ty?**

WYPRAWY PO POLSCE

TRASA OLKA

 z **GDYNI** DO **KATOWIC**

 z **KATOWIC** DO **KRAKOWA**

 z **KRAKOWA** DO **ZAKOPANEGO**

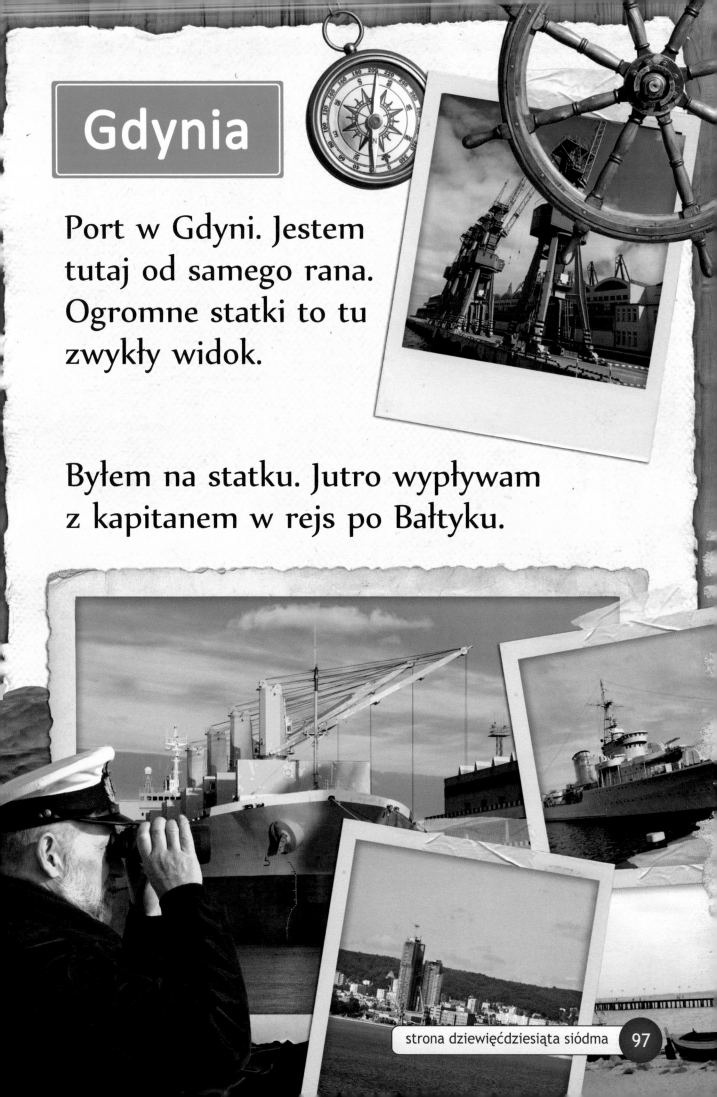

Gdynia

Port w Gdyni. Jestem tutaj od samego rana. Ogromne statki to tu zwykły widok.

Byłem na statku. Jutro wypływam z kapitanem w rejs po Bałtyku.

Katowice

Tata Janka pracuje
w kopalni. Byłem z nim
na samym dole. Dostałem
kask. Tata Janka zna legendy
o Skarbniku kopalni.

Kraków

Jestem na krakowskim rynku.
Wokoło – stare budowle i domy.
Na Wawelu jest zamek,
a obok zamku – wawelski smok
i jego jama.

Zakopane

Zakopane to serce
Tatr. Byłem wysoko
na Kasprowym Wierchu.
Cudowne widoki!

Jutro zdobywam Nosal.
Wygodne i dobre buty
– to połowa sukcesu.

Ć ć

Ć ć

ćma

ćmy

latać

robić

ćma

Co lubi ćma?
Ćma lubi latać.
Kto lubi ćmy?
Ćmy lubimy my.

Ć ć

Kot lubi polować.

Ryba lubi pływać.

Robert lubi biegać.

Tomek lubi grać.

Karol lubi spać.

Beata lubi rysować.

Ala lubi malować.

latać
robić
polować
pływać
biegać
grać
spać
rysować
malować

Ci ci

Ci ci

babcia

Miecia

ciasto

ciekawe

babcia Miecia

BABCIA MIECIA

Babcia Miecia to babcia Ewy.
Babcia Miecia lubi malować
portrety.

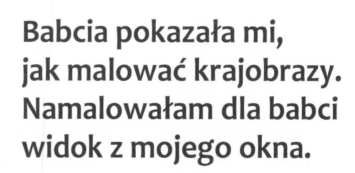

Babcia pokazała mi,
jak malować krajobrazy.
Namalowałam dla babci
widok z mojego okna.

babcia Agata

Ci
ci

babcia
Miecia
ciekawe
ciasto
malinowe
opowiada
wesoła
miła
portrety

BABCIA AGATA

Babcia Agata to babcia Magdy. Jest wesoła, miła i opowiada ciekawe bajki.

Upiekłam dla babci ciasto z malinami.

Babcia Magdy lubi gotować i piec ciasta.

Ń ń

ń

Oleńka

cudeńko

leń

bańki

budyń

leń

Oleńka

 – Oleńko, co u ciebie?

 – Mam kota Buraska.

 – To malutki kotek?

 – Tak, to malutkie cudeńko i leń. Lubi tylko bańki mydlane. Dotyka bańki i ucieka.

 – A Burasek lubi mleko?

 – Tak, mleko i budyń.

Co lubi kot Oleńki?

ZGADYWANKI

Jaki to koń?
Co lubi słoń?

Co to jest cień?
Kto to jest leń?

Kto lubi słońce?
Co ma dwa końce?

Kto ma kamień?
Co to jest pień?

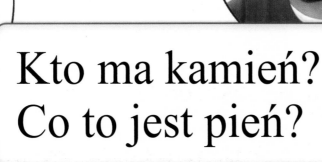

Ń
ń

Oleńka
cudeńko
leń
bańki
budyń
koń
słoń
cień
słońce
końce
kamień
pień

GALAKTYKA

KOSMOS

Kosmos od bardzo dawna fascynował ludzi.
Nauką badającą kosmos jest astronomia.
Astronomowie – za pomocą teleskopów
– zajmują się obserwowaniem kosmosu
z powierzchni Ziemi.

Pierwszą żywą istotą, którą wysłano w kosmos,
był pies Łajka na pokładzie sputnika 2.

WAHADŁOWIEC

UKŁAD SŁONECZNY

SŁOŃCE

ZIEMIA

WENUS

MERKURY

Ni
ni

Ni ni

niebo

Nina

nie

koniec

Nad nami niebo. Na niebie gwiazdy.

niebo

Nina

Gwiazdy to wielkie kule gazowe.

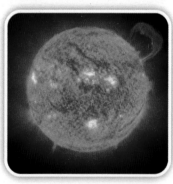

Słońce to gwiazda.

Planety to ciała niebieskie.

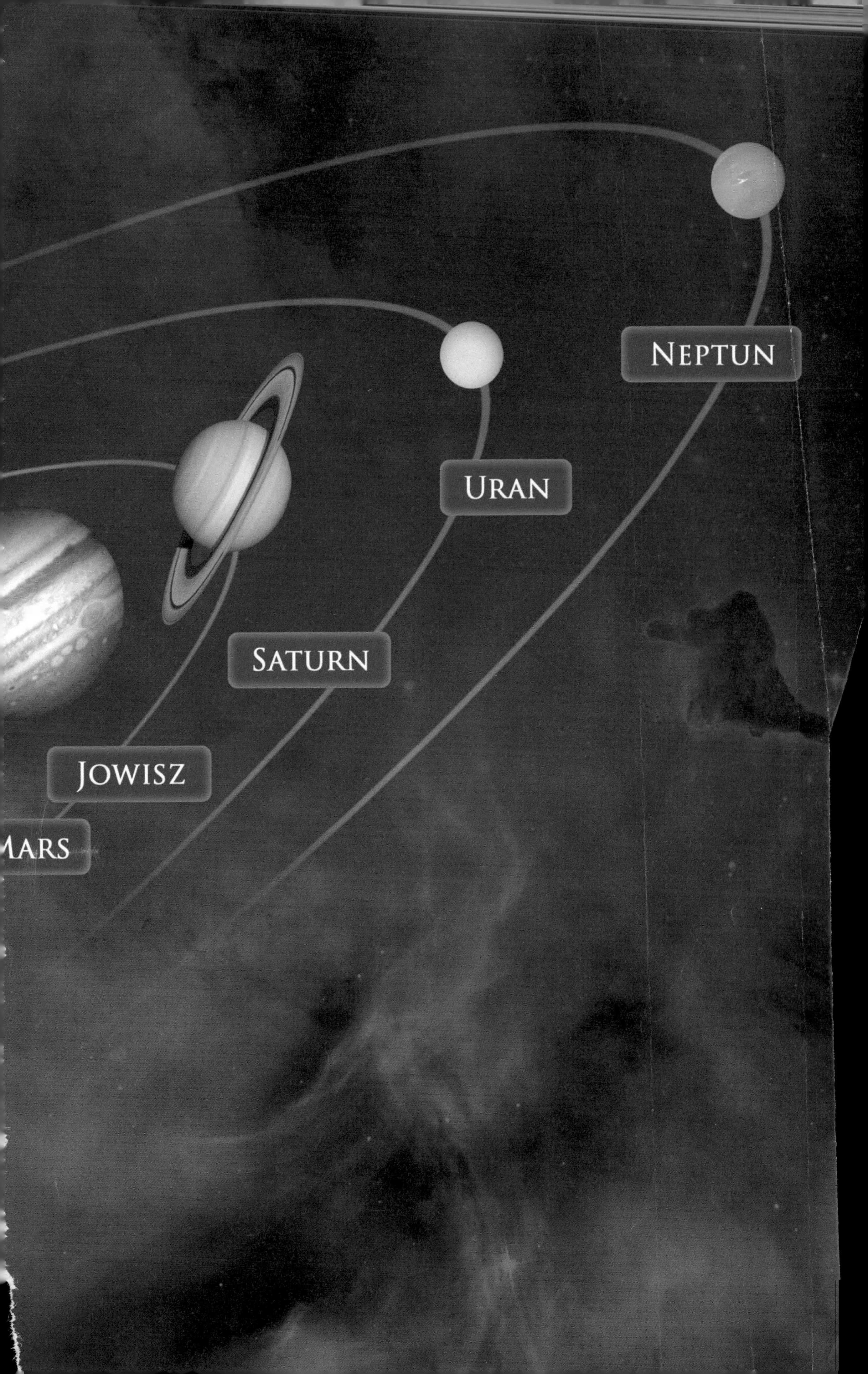

NEPTUN

URAN

SATURN

JOWISZ

MARS

STACJA KOSMICZNA

ASTRONAUTA

KSIĘŻYC

Ania

biedronka

Ni
ni

nia
nie
nio
niu

Nina
Ania
nie
niebo
koniec
gwiazda
planety

– Leć do nieba!

– Tam nic nie ma.

– Dam ci mleko, dam ci lody.

– Nie i koniec!

To nie dla mnie taki lot.

– Dla nauki leć, malutka.

– Na nic dla mnie ta nauka.

Nie i koniec!

Ś ś

Ś ś

Jaś

świat

wieś

jesteś

Jaś

świat

– Jaki jest ten świat?

Co jest na końcu świata?

– Jaśku, nie ma końca świata.

Koniec świata jest tylko w bajce.

– Nie ma? To co to jest świat?

– Świat to jesteś ty, ja – my.

To dom, miasto, wieś.

To las i niebo.

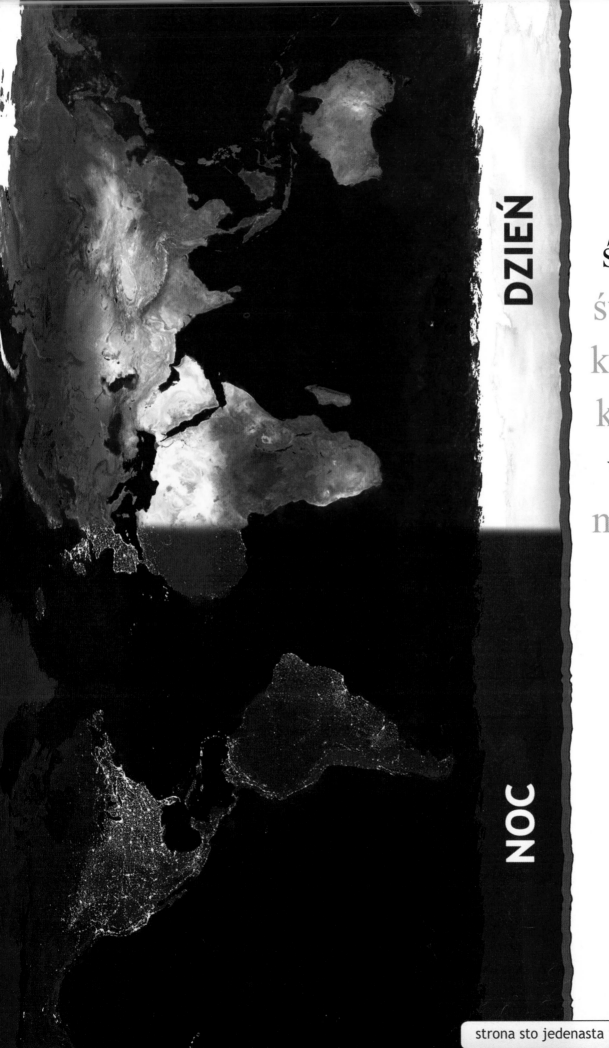

Ś ś

Jaś
świat
świata
koniec
końca
wieś
miasta

DZIEŃ

NOC

Si
si

Si si

Kasia

siedem

Stasia

siano

Kasia

KASIA NA WSI

Kasia ma siedem lat i lubi być na wsi. Ma na wsi wujka Stasia.

Kasia pomaga wujkowi w pracy na polu, sieje z nim owies.

Latem z wujkiem zbiera siano.

Basia

sia
sie
sio
siu

BASIA NA WSI

Obok gospodarstwa wujka Stasia

jest gospodarstwo pana Jana,

pani Marysi, Basi i Jasia.

Basia ma osiem lat.

Basia karmi konie, nosi owies

i siano do stajni.

Kasia
siedem
siano
nosi
wujek
wujka
owies
karmi

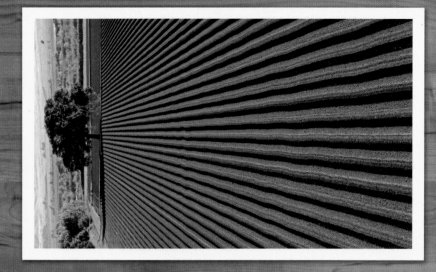

PRACE NA POLU

MAPA WYPRAWY PO SKARB

Symbol	Nazwa
⫟	pastwisko
🐂	byk
C	dom kowala
J	dom wujka Janka
M	dom wujka Marka
[	most
🌲	stary las
✴	skarb

POGODA POD PSEM

Pogoda pod psem!

Od rana pada i pada.

Jak mokro i ponuro!

Leje jak z cebra.

To paskudna ulewa!

Okropna pogoda!

Pogoda pod psem!

Mokre buty, mokre włosy,
mokre nogi, mokre nosy.
Mokry Burek i Agata,
nawet mokry Tomka tata.

Kiedy pada,
kapu, kap,
za parasol zaraz złap!

WIELKANOC

Wielkanoc to najstarsze i najważniejsze święto chrześcijan. Poprzedza je Wielki Tydzień – czas wyciszenia, rozmyślań i oczekiwania.

Pisanki znane były w Polsce już kilkaset lat temu.
Nazywano je pisami, malowankami, czarnulkami, kraszankami.
Nazwa pisanka pochodzi od pisania. Pisanki ozdabiało się,
kreśląc roztopionym woskiem różnorodne wzory na czystej
skorupce jajka, które potem barwiło się na różne kolory,
a po zdjęciu wosku pozostawał wzór.

Ź

ź

Ż ż

źle

smutny

wesoły

ponury

Źle odrobiłem lekcje,
źle narysowałem,
źle napisałem.
Tylko źle i źle!

Wojtek →

Wojtek od kilku dni jest smutny.

Wcale z nami nie rozmawia.

Nie poznajemy go.

On – zwykle wesoły, dowcipny

– nagle taki ponury.

Zupełnie nie ten Wojtek.

W końcu Magda, siostra Wojtka, wyjaśniła nam jego problemy.

Ź
ź

Magda ←

On od tygodnia robi źle!
Źle napisał opowiadanie.
Źle odrobił lekcje.
Źle narysował portret.

źle
rozmawia
wesoły
dowcipny
ponury
wyjaśnia
kłopoty
napisał
odrobił
narysował
rozbawić
kolega

Teraz wiemy, jak rozbawić
Wojtka, bo Wojtek
to dobry kolega!

Zi
zi

Zi zi

Ziemia

śmieci

zostań

ekolog

Ziemia

NA RATUNEK ZIEMI

Na ratunek Ziemi.
Las to nie śmietnik.
Nie zostawiaj w lesie
butelek, opakowań, papieru.
Nie marnuj wody.
Nie marnuj papieru.
Segreguj śmieci.

ZIEMIA

Ziemia jest twoim domem, dlatego dbaj o ten dom.

EKOLOGIA

Ekologia to nauka o tym, jak zapobiegać zatruwaniu Ziemi.

Zostań młodym ekologiem!

Zi
zi

zia
zie
zio
ziu

Ziemia
śmietnik
śmieci
zostawiaj
marnuj
segreguj
ekolog
ekologia

OCHRONA ŚRODOWISKA

Segreguj śmieci i wrzucaj je do specjalnych pojemników.

Nie marnuj wody. W wielu krajach bardzo o nią trudno.

Wychodząc z pokoju, pamiętaj o wyłączeniu światła.

Staraj się jak najwięcej podróżować pieszo lub rowerem.

To oznacza mniej spalin i zdrowsze powietrze.

Nie zostawiaj śmieci w lesie.

szkło

plastik

papier

SZANUJ
ŚRODOWISK

Ż ż

Ż ż

strażak

pożar

życie

żartuje

strażak

Pożar! Pożar!

Pożar! Pożar! – strażak woła.
Dym i ogień dookoła.

Zabawa z ogniem to nie zabawa!
Możesz spowodować pożar.

Ż ż

pożar
strażak
dym
biega
płonie
życie
ryzykuje
żartuje
ogień
ogniem

PŁONIE, PŁONIE CAŁY LAS

Płonie, płonie cały las,
strażak biegnie już do nas.
Strażak życie ryzykuje,
z ogniem sobie nie żartuje.

Rz rz

Rz rz

Krzyś

grzyby

burza

drzewo

Grześ

PRZYGODA KRZYSIA

Pewnego dnia Krzyś zbierał w lesie grzyby.

Krzyś

O! Jaki duży grzyb! To podgrzybek.

Jakie głośne grzmoty!

Nagle ujrzał na niebie błyskawicę.

Silne wietrzysko przewracało małe drzewa.

Ratunku, to burza!

Przerażony Krzyś uciekał do domu. Było coraz ciemniej, a on miał coraz mniej sił.

Rz
rz

przygoda
burza
grzyby
grzmoty
ujrzał
przewracało
przerażony
krzak
krzakiem
przyjaciel
Grześ

W końcu usiadł obok krzaka i płakał.

Krzysia znalazł tatuś i jego przyjaciel Grześ.

To była okropna przygoda!

Ą ą

ą

robią

grają

jadą

Co Ala i Adam robią w piątek?

odrabiają
lekcje

grają
w gry

Ą ą

odrabiają
grają
jadą
jedzą
śpią

jadą do babci

jedzą obiad

śpią

Ę ę

ę

lubię

wypiję

zrobię

odrobię

Nie – to moje
ulubione słowo.

Nie lubię sałaty.
Nie wypiję mleka.
Nie odrobię lekcji.

Kiedy mama pyta mnie,
to od razu wołam – **Nie!**

A teraz nie śmieję się,
bo kiedy były lody,
zawołałam – **NIE!**

**Nie idę! Nie lubię!
Nie zrobię!**

Ę
ę

lubię
zrobię
wypiję
odrobię
śmieję się

Ó ó

ó

krółowa

król

wróżka

dwór

góra

róża

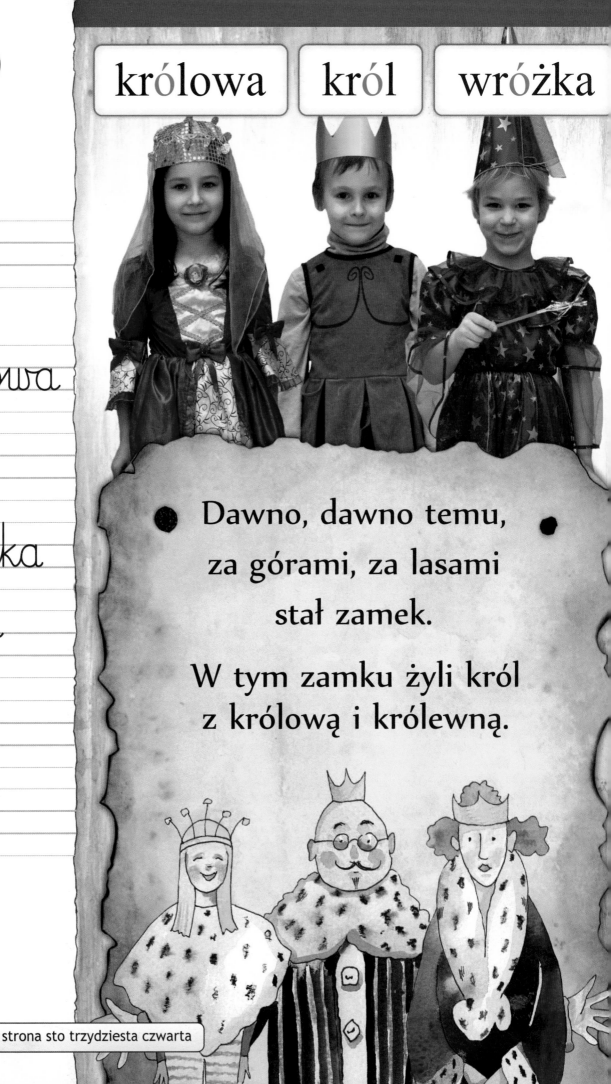

krółowa • król • wróżka

Dawno, dawno temu, za górami, za lasami stał zamek.

W tym zamku żyli król z królową i królewną.

Pewnego razu królewna
dostała różę.

król
królowa
królewna
wróżka
róża
góry
dwór

Królewna wzięła różę
do ręki i ukłuła się
w palec. Wtedy król,
królowa, królewna
i cały dwór zasnęli.

I tak już śpią od stu lat...

BABA-JAGA

Za lasami, za polami stał domek.
W tym domku mieszkała Baba-Jaga
z czarnym kotem.

Baba-Jaga od stu lat uprawiała sporty.
Rano latała na miotle.

Potem łapała razem
z kotem myszy.

Wieczorem biegała
dookoła domu.

Była jednak samotna.
Wszyscy omijali
jej dom z daleka.

Pewnego razu do domu
Baby-Jagi zapukał
wysoki człowiek.

Skakał o tyczce
i lubił inne sporty.

Sportowiec zamieszkał
w domu Baby-Jagi.

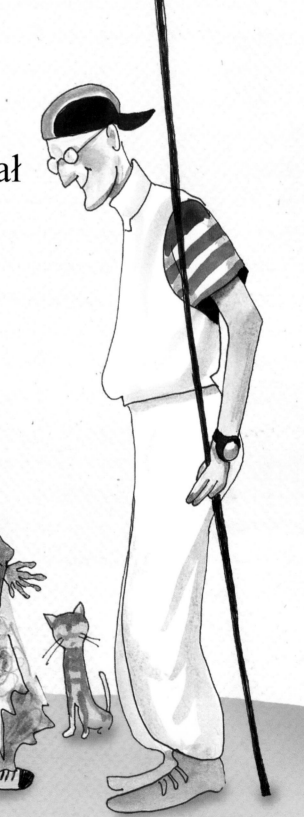

Teraz Baba-Jaga skacze o tyczce.
Jest wesoła, bo skacze i biega
razem ze sportowcem.

**Jest zdrowa, bo sport
to zdrowie!**

JEST ZDROWA, BO SPORT
TO ZDROWIE!

Sz
SZ

Sz sz

Szymon

szkoła

szkolne

SZKOLNA GAZETKA

Warszawa, 24.03.2009

Szymon

Szkolne relacje
i informacje!
Szkolne ogłoszenia!
Szkolne wydarzenia!

Kanapkowy problem

Ratunku, kto zje
te kanapki? Ja mam
apetyt na cukierki.

To Bartek, nasz szkolny kolega.
Jak zawsze nie lubi kanapek.

OGŁOSZENIA

WIADOMOŚCI

Nasza szkoła zdobyła pierwsze miejsce w konkursie na najśmieszniejsze opowiadanie.

Najlepsze było opowiadanie Joasi z IIc. Joasia opisała przygody swojego szalonego wujka podróżnika.

Gratulujemy Joasi i cieszymy się z naszego zwycięstwa.

SZKOLNE SENSACJE

W zeszłą środę nasz młodszy kolega Mateusz z Ic przyszedł do szkoły w spodniach od piżamy. Zauważyły to jego koleżanki. Mateuszowi wydawało się, że włożył sztruksowe spodnie. Rozbawił tym całą klasę!

Sz

sz

Szymon

szkoła

szkolne

zawsze

najlepsze

szalony

Mateusz

młodszy

przyszedł

Myszka od wujka Zbyszka!

Wujek Zbyszek dał Adamowi pudełko.

 – Wujku, co jest w pudełku?

 – W pudełku jest myszka.

Hurra! Hurra! Dostałem mysz!

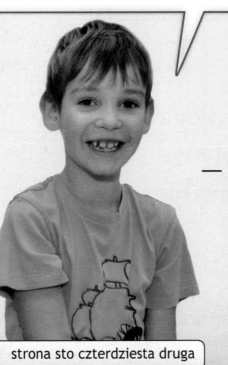

– Hurra! Hurra!
Dostałem mysz!
Alu, zrobimy dla myszki
domek. Damy jej ser.

Cz
cz

Cz cz

Czarek

czapka

czary

czapka

Czarek

Wyliczanka Czarka

Entliczek-pentliczek,
czerwony stoliczek,
a na tym stoliczku,
pleciony koszyczek...

Stół z powyłamywanymi nogami.

jednostka centralna

STARE KOMPUTERY

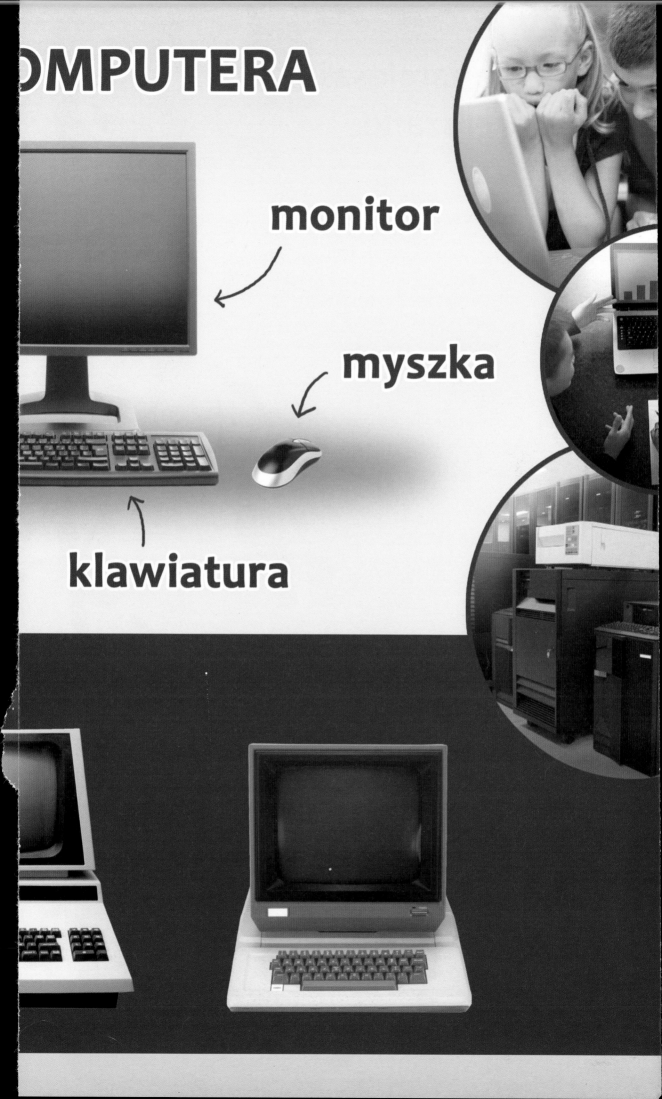

OMPUTERA

monitor

myszka

klawiatura

Myszka zamieszka w starej szafie.

Mysz zamieszka w naszej starej szafie z koszulami taty.

To szalony pomysł. Zamiast sera zje taty koszule.

Ale co to?

To jest mysz do komputera!

To jest mysz do komputera.

En ten tina
sabaraka tina
ajer fajer bomba
nos jak trąba
oczy jak kamyki
nogi jak patyki.
To jest figura
małego szczura.

**Król Karol kupił królowej Karolinie
korale koloru koralowego.**

ZACZAROWANA CZAPKA

Adam znalazł czapkę.

To na pewno jest zaczarowana czapka, czapka niewidka.

Mam zaczarowaną czapkę!

Nikt mnie nie zobaczy, zaraz zabiorę Ali cukierki.

ZACZAROWANA ŻABA

Ala poszła do lasu. Nagle zobaczyła żabę! Żaba wskoczyła jej do torby. Ala pomyślała, że to zaczarowana żaba.

Ala

żaba

Ale ładna żaba! Ta żaba jest zaczarowana.

Dała jej całuska i czekała, czekała, czekała, a żaba była jak żaba.

CMOK!

Ale ja byłam niemądra. To jest zwyczajna żaba.

Ale byłam niemądra.

Ch
ch

Ch ch

Michał

chory

chrypka

ucho

Michał

Michał jest chory!

Michał jest chory.
Boli go gardło, ucho i ma chrypkę. Mama daje mu lekarstwa i opowiada bajki.

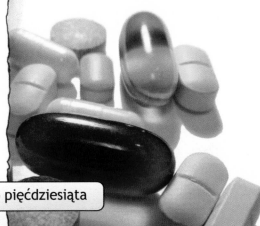

Rady pani doktor:

- ubieraj się stosownie do pory roku,
- nie zapominaj o spacerach,
- zjadaj warzywa i owoce,
- uprawiaj sport.

......Michał Kwiatkow...
(imię, nazwisko, wiek chorego)

Warszawa, ul. Chr...
(adres chorego)

Rp.

Aspiryna
syrop na kaszel
witamina C

78943 Dr med.

Ch ch

chory

choroba

ucho

chrypka

lekarstwa

warzywa

spacer

spacery

spacerach

Dz
dz

Dz dz

dzwon

dzwonek

dzwonią

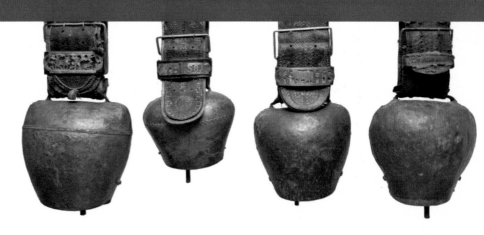

Jest dużo różnych dzwonków, dzwonów i dzwoneczków. Dzwonią głośno, cicho, grubo, cienko. Są też dzwonki, które wcale nie dzwonią.

Mogą być dzwonki przy drzwiach, dzwonki szkolne i dzwonki rowerowe – dzwonią, informują i ostrzegają.

Są też dzwonki piękne, małe kwiatki, które nie dzwonią, ale za to pięknie pachną.

Dz
dz

dzwon
dzwonek
dzwonią
odgłosy
pasterze
szyja
szyi
szyjach

Wysoko w górach na hali, pasą się owce. U każdej z nich na szyi wisi mały dzwonek. Jeżeli owca się zgubi, pasterze odnajdują ją po odgłosach dzwonka.

Te krowy można spotkać wysoko w Alpach. One też mają zawieszone na szyjach dzwonki.

Dź
dź

Dź dź

dźwięk

dźwięki

dźwięczy

dźwięków

Wczoraj w szkole naśladowaliśmy różne dźwięki:

pociągu,

rakiety.

Potem słuchaliśmy różnych dźwięków.

Słyszeliśmy bzyczenie muchy, tykanie zegara i szum wiatru.

Dź
dź

dźwięk
dźwięki
dźwięczy
dźwięków
usłyszeć
słuchaliśmy

Pamiętaj!
Słuchanie muzyki
zbyt głośno przez
słuchawki może
na trwale uszkodzić
twój słuch!

Nawet w ciszy można
usłyszeć różne dźwięki.

Tak cicho, że aż
w uszach dźwięczy.

Dzi
dzi

Dzi dzi

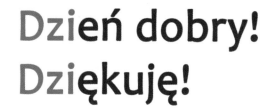

Dzień dobry!
Dziękuję!

Dzień dobry, Asia przy telefonie. Czy mogę rozmawiać z Kasią?

Dzień dobry, Asiu.
Niestety, Kasi nie ma w domu.
Zadzwoni do ciebie.

Dziękuję, do widzenia.

Do usłyszenia, Asiu.

dzień dobry   do widzenia

dziękuję   przepraszam

Proszę

Przepraszam

Dzień dobry

Dziękuję

Do widzenia

Nie zapominaj o tych
ważnych słowach.
Te słowa „otwierają
ludzkie serca".

Dzień dobry

Przepraszam

Proszę

Dziękuję

Do widzenia

Dż
dż

Dż dż

drożdże

drożdżowe

dżem

bułeczki

chleb

Hura! Upiekę bułeczki drożdżowe z dżemem.

Wczoraj nasza mama chciała upiec drożdżowe bułeczki.

Wyrobiła ciasto i odstawiła je, żeby wyrosło.

Potem poszła do sklepu.

Wracając, usłyszała nasze głosy:

 – Mamo, mamo, ciasto ucieka!

 – Już jest na podłodze!

 – Macie rację. Dałam za dużo drożdży.

Niestety, zamiast bułeczek zjedliśmy chleb z dżemem.

Dż
dż

dżem

drożdże

drożdżowe

chleb

Mamo, mamo, ciasto ucieka!

Już jest na podłodze!

REJS PO BAŁTYKU

Spis treści

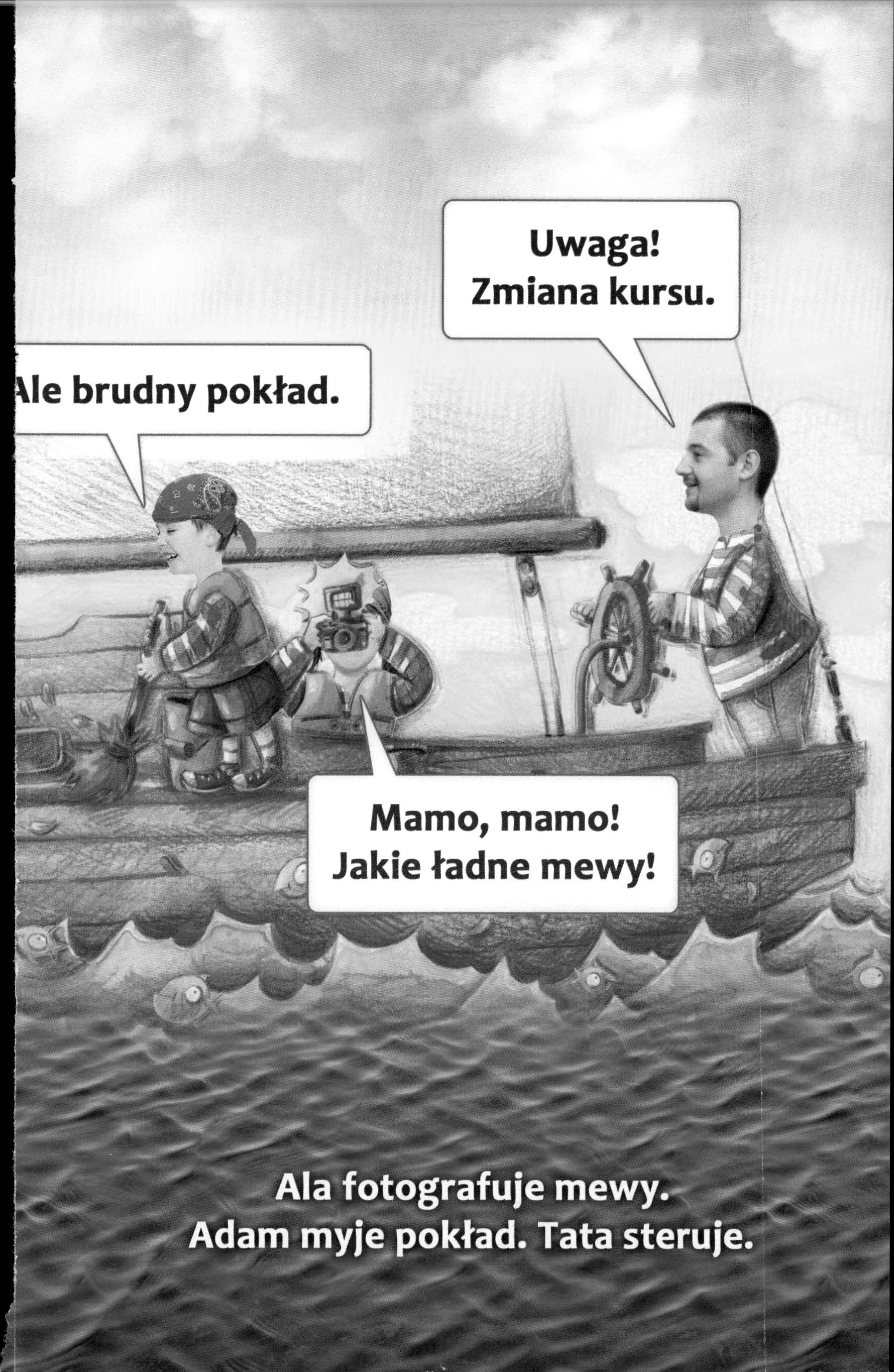

Ala fotografuje mewy.
Adam myje pokład. Tata steruje.

Kto wypływa w rejs?

ZAŁOGA

tata

mama

wujek Edek

Adam

Ala

Tata jest kapitanem.

Kotka Kitka i dwa małe kotki zostały w domu.